中災防ブックレット
③

胆管がん問題！

それから会社は…

中央労働災害防止協会

目次

1　胆管がん　なぜ起こったのか？

中央労働災害防止協会
大阪労働衛生総合センター
所長　圓藤　吟史

研究班が発足

オフセット校正印刷会社であるＳＡＮＹＯ‐ＣＹＰ（Ｓ社）の元従業員が、元同僚で胆管がんになった者が多いことに疑問を持ち、平成二三（二〇一一）年末に熊谷信二（産業医科大学准教授）に相談したことが、業務によって胆管がんが発症したことが明らかになる発端でした。熊谷らは、聞き取り調査を行い、現役従業員一人を含む五人が胆管がんを発症し、うち四人が死亡していたことを明らかにし、平成二四（二〇一二）年五月に学会発表しました。

ここで、①何が原因？　②五人以外の人は大丈夫？　③他社は大丈夫？　④近隣は大丈夫？

といった疑問がわいてきます。その結果、①広報すること、②相談窓口を設置すること、③関連情報を収集すること、④聞き取り調査を行うこと、⑤広がりを明らかにすること、⑥健康診断を行うこと、⑦被災者を救済すること、⑧原因を明らかにすること、⑨法整備を行うこと、といった対策が必要となり、当該企業、当該企業の現・元従業員、被災者、厚生労働省・大阪労働局・労働基準監督署、労働安全衛生総合研究所、および研究者がそれぞれの役割でもって協働することが求められました。研究者には、独立した役割があることから、厚生労働科学研究費補助金厚生労働特別研究事業「印刷労働者にみられる胆管癌発症の疫学的解明と原因追究」と題する研究班が、筆者を主任研究者に、疫学、産業保健、肝胆膵内科、肝胆膵外科、実験病理に携わる専門家でもって組織されたのです。

実態調査の結果、罹患(りかん)者は十八人に

当該企業から元従業員の情報をえて、全国の監督官が元従業員一人ひとりを対象に追跡調査を行いました。その結果、上述の五人のほか七人の胆管がん発症が判明しました。全員が男性で、大阪の事業場でオフセット校正印刷作業に従事し一・二-ジクロロプロパン(DCP)を洗浄剤として使用したことがあり、一部のものはジクロロメタン(DCM)、一・一・一-トリクロロエタン(TCE)も使用していました。

このことから会社は、DCPを取り扱ったことのある従業員全員を対象に、会社負担の

胆管がん健康診断を呼びかけました。健康診断で異常所見のある者に対して精密検査がなされた結果、平成二四（二〇一二）年末までにさらに五人が新たに胆管がんに罹患していることが判明し、罹患者は計十七人に上りました。

この十七人は全員が男性で、発症時年齢は二五～四五歳でした。全員がDCPのばく露歴があり、DCPのばく露期間は平均九・五年（範囲六・二～一五・一年）、ばく露濃度は二一四ppm（八五～二七六ppm）、累積ばく露量は二〇四四ppm年（六四六～三四〇九ppm年）。十七人のうち十一人はDCMにもばく露し、DCMのばく露期間は平均五・一年（範囲一・三～八・三年）、ばく露濃度は平均一九一ppm（範囲八〇～二六八ppm）、累積ばく露量は平均八六四ppm年（範囲三五五～一八二ppm年）と推計されました。

十七人全員が大阪の事業場でオフセット校正印刷業務に従事していたことから、昭和六〇（一九八五）年初めから平成二四（二〇一二）年末までの期間に大阪の事業場で校正印刷業務に従事した男性八十六人、女性二十人を対象に、性年齢を揃えた日本人を対象として胆管がんの罹患率を調べたところ、男性では標準の千倍以上も高いことがわかりました[*1)]。このうちDCPとDCMのばく露歴のあるものに限ると、倍率はさらに高くなり、両方と

*1)　地域がん登録のデータを基にした全国推定値に比べて、何倍ががんに罹患しているかを示す「標準化罹患比」（SIR）を求めたところ、男性が一一六三・二倍、女性が〇・〇であった。DCPとDCMのばく露歴がある者に限ると、男性のSIRは一三三〇・六倍で、DCP、DCMともばく露していない者では、SIRは〇・〇であった。

もばく露していない発症者はいませんでした。このことから、胆管がんの原因はＤＣＰとＤＣＭが強く疑われました。その後、平成二五（二〇一三）年に新たに一人が発症し、罹患者は合計十八人となりました。

模擬ばく露調査を実施

労働安全衛生総合研究所による調査では、当時、換気装置は全体換気系と校正印刷機の床下排気系、ＵＶ校正機のＵＶ排気系の三系列がありましたが、ＵＶ排気系はＤＣＰとＤＣＭの使用を中止した以降にＵＶ校正機導入とともに設置されたので、再現実験はＵＶ排気系を止めて行われました。全体換気系は空調として循環しており、全体換気としては機能しておらず、床下排気系のみが換気装置として稼働していたとみなされました。

再現実験の結果、ＤＣＰについては概ね十五年間は一五〇ppmを超える高濃度で、ＤＣＭについては概ね三年間は四〇〇ppmを超える高濃度でした。

症例検討では従来型と異なる特徴も

胆管がんの特徴を明らかにするために、十三の病院から診療録が集められました。久保正二（大阪市立大学病院教授）らがそれらをまとめた臨床研究では次のことが指摘しています。

ＤＣＰ、ＤＣＭばく露時に、頭痛、嘔気、嘔吐、皮膚炎、飲酒時の発赤増強がみられ、肝機能の経時変化では、胆管がん発症の数年前から肝機能の数値の悪化がみられました。腫瘍ができたときに血液中に分泌される腫瘍マーカーも上昇していました[*2)]。

画像所見では、腫瘍は総肝管など比較的中心側の胆管に限られ、がんによる胆管閉塞とその末梢胆管の拡張像や肝臓内の胆管の拡張像などが特徴とされました[*3)]。

胆管は広い範囲でＤＮＡが傷害され、前がん状態を経て胆管がんになることがわかりました[*4)]。

他所で罹患者が目立つのは印刷会社

Ｓ社以外では、平成二七（二〇一五）年六月までに十九人が業務上の胆管がんと認定さ

---

*2)　肝機能ではγ-ＧＴＰが上昇し、次いでＡＳＴ、ＡＬＴが上昇し、胆管がん健診時には、ほぼ全例でγ-ＧＴＰ、ＡＳＴ、ＡＬＴが上昇していた。腫瘍マーカーでは、ＤＵＰＡＮ-2値が全例で、CA19-9が六四％の症例で、血清ＣＥＡ値が四七％の症例で上昇していた。

*3)　総肝管から肝内胆管第三次分枝までの比較的太い胆管に限局し、肝内腫瘤像、胆管内腫瘤像、癌による胆管閉塞とその末梢胆管の拡張像と、限局性肝内胆管拡張像が特徴であった。スクリーニング検査として腹部超音波検査が、腫瘤像や胆管像の検出にはＣＴやＭＲＩが有効と考えられた。

*4)　病理学的検査では、広範囲の胆管に慢性胆管傷害、前癌病変である胆管上皮層内腫瘍（biliary intraepithelial neoplasia: BilIN）、胆管内乳頭状腫瘍（intraductal papillary neoplasm of the bile duct :IPNB）がみられた。γ-Ｈ２ＡＸによる免疫組織学的検討では、ほぼ正常と思われる胆管、慢性胆管傷害、ＢｉｌＩＮ、ＩＰＮＢ、原発癌、浸潤癌のすべてに、ＤＮＡ傷害が示された。症例の体細胞変異数は従来型の胆管がんの三〇倍と高く、ＤＮＡ変異はＣ：Ｇ-ｔｏ-Ｔ：Ａトランジェション変異優位であった。

れました。そのうちの十三人を調べたところ、十二人が印刷労働者で、そのうち九人がＤＣＰとＤＣＭにばく露し、三人はＤＣＭにばく露しているがＤＣＰにはばく露していませんでした。印刷業以外の一人は、ＩＣカードに接着剤および帯電防止剤をコーティングする業務に従事し、ＤＣＰを使用していました。

全国健康保険協会（協会けんぽ）のレセプトデータから、胆管がんで医療機関に受診した人数の割合（受療率比）を調べたところ、印刷業男性の四〇～五九歳では標準の二・〇一倍（信頼区間〇・七五～四・九〇）でした。また、全国印刷健康保険組合のレセプトを疾病群別包括医療費支払制度に基づくデータベースと比較したところ、二一～六〇歳男性本人では、標準化受療率比は二・一八倍（信頼区間〇・九三～五・〇九）で、いずれも若干高く、標準を超えた人数（過剰受療者数）は労災として認定された数とほぼ重なるものと推定されました。また、近隣への影響については認められませんでした。

S社では労働衛生対策に取り組む

次章で詳しく紹介しますが、Ｓ社では問題発生後、産業医、衛生管理者が選任され、安全衛生委員会が毎月開かれるようになりました。溶剤の使用は、すでにＤＣＰが平成一八（二〇〇六）年に、ＤＣＭが平成八（一九九六）年に中止し、問題発生後にはシクロヘキサンとプロピレングリコールモノメチルエーテルに切り替えていましたが、毒性が低いことを確認するとともに、空調設備も全体換気装置に切り替えられました。局所排気装置は、校正印刷機の洗浄作業を行う上部に、一様な吹き出しユニットが設置され、床下の吸い込みダクトと一体となったプッシュプル型に切り替えられ、機能の向上が図られています。

こうした取組みにより、作業環境測定の結果が第二管理区分相当から第一管理区分相当に改善されました。胆管がん健診も引き続き年二回実施しているほか、筆者や他の専門家を招聘して労働衛生教育が実施されました。

「DCPばく露が発症原因である蓋然性が高い」と結論

S社と全国の事例を分析した厚生労働省の検討会報告書（平成二五（二〇一三）年）では、DCPに長期間、高濃度ばく露したことが原因で発症した蓋然性が極めて高いと判断されています。また、DCMについては、胆管がん発症に影響を及ぼした可能性が考えられるが、発症原因として推定するには至らなかった、とされています。

この胆管がん問題が明らかになるまで、国際がん研究機関（IARC、一九九九）は、DCPについて疫学的データはなく、実験動物での証拠は限られており、グループ3（ヒトに対する発がん性については分類できない）としていました。IARCは、S社の事例を受けて平成二六（二〇一四）年にヒトでの発がんの証拠は十分にあるとしてグループ1（ヒトに対する発がん性がある）に分類しています。

日本バイオアッセイ研究センターが行ったＤＣＰのがん原性試験（二〇〇六）において、雌雄のラットに鼻腔の腫瘍や雌マウスに肺がんが発生しました[*5)]。これを受けて厚生労働省の化学物質のリスク評価検討会（平成二五（二〇一三）年）は、ＤＣＰにはがん原性があるとしました。しかし、動物実験では胆管がんは認められていません。

胆管がん発症を防ぐことはできたのか？

ある人は、作業環境測定をしていれば防げたと指摘します。確かに、Ｓ社では昭和六一（一九八六）年から平成八（一九九六）年まで作業環境測定が義務づけられたＤＣＭを洗浄剤に使用しており、有機溶剤中毒予防規則（有機則）に基づき作業環境測定を行ってその結果によっては作業環境の改善が必要でした。しかし、有機則は発がん物質に対して規制するものではなく、ましてやＤＣＭが胆管がん発症に関連しているとは思ってもみなかったとしても不思議ではありません。さらに平成八（一九九六）年以降、有機則、特定化学物質障害予防規則（特化則）に該当する物質は使用しておらず、作業環境測定をしていなかったことを責めることはできません。

またある人は、一般健康診断は実施していたが、特殊健康診断は実施していなかったこ

*5) 雌雄ラットに鼻腔腫瘍の発生増加が認められ、雄マウスにハーダー腺の腺腫の増加、雌マウスに細気管支―肺胞上皮がんの増加が認められた。

とを挙げます。

ＤＣＭの特殊健康診断項目には胆管がんを想定した項目はありませんし、肝機能検査は一般健康診断項目にも入っています。

産業医や衛生管理者を選任していなかったことを指摘する人もいます。Ｓ社の大阪事業場が、法律で産業医や衛生管理者の選任が求められる五十人以上の従業員を抱えるようになったのは平成一三（二〇〇一）年のことであり、その時に衛生管理者や産業医が選任されたとしても、ＤＣＰ、ＤＣＭはもちろん、有機則、特化則に該当する化学物質は使用していないので何ら対策を講じることはできなかったでしょう。

現在、各社で毒性の低い化学物質に代替することが進められています。大手印刷会社でも胆管がん問題への対応として「安衛法令の非該当品に切り替えを行います」とホームページに記載しているところもみられます。しかし、法令で規制されていない物質、イコール毒性が低い物質ではありません。

Ｓ社ではＤＣＭの使用を平成八（一九九六）年に中止し、当時は未規制化学物質であったことから毒性が低いと考えてＤＣＰ単独に切り替え、平成一八（二〇〇六）年まで使用しました。ＤＣＰは、オゾン層破壊物質である一・一・一-トリクロロエタンの代替品として、一九九〇年代中ごろからインク洗浄剤に用いられたものです。今ではＤＣＰが胆管がんの主たる原因とされていますが、結果論から見るとこの選択が仇（あだ）となりました。

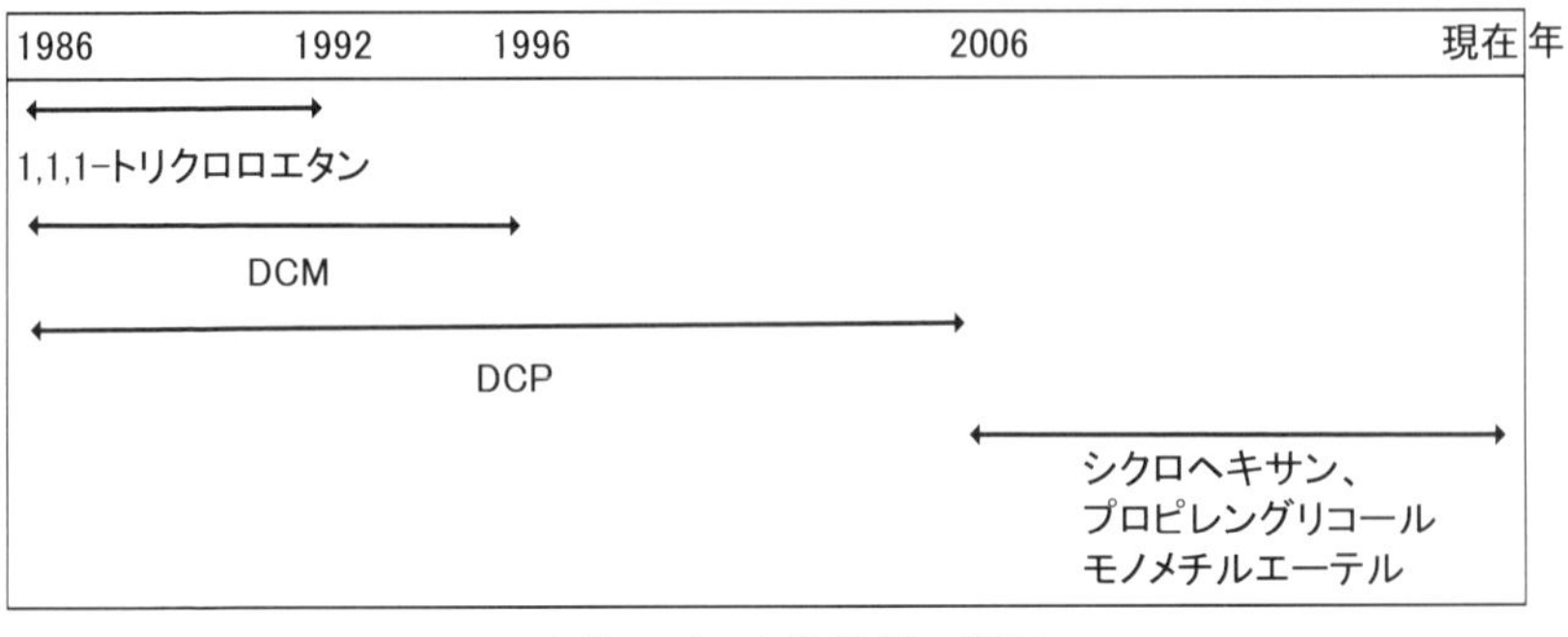

S社のインク洗浄剤の変遷

ほかにも安全データシート（SDS）を見て、発がん性や生殖毒性、神経毒性などに注意すべきであったという指摘があります。しかし、SDSに胆管がん発症のおそれについての記載はなかったのです。

化学物質による発がんは、イギリスの外科医パーシヴァル・ポットが一七七五年に煙突掃除夫に陰嚢がんが多発することを報告したのが最初で、東京帝国大学の山極勝三郎教授と市川厚一助手（後に北海道帝国大学教授）が、大正四（一九一五）年にコールタールをウサギの耳に反復塗擦して皮膚がんを作り、証明したことが、動物発がん試験の最初です。以来多くの、発がん要因が明らかにされ、喫煙、食事、運動、飲酒という代表的な生活習慣要因が六八％を占め、職業要因は五％を占めると推定されているものの、まだまだ、発がんの原因を特定することは困難です。DCP、DCMについては、前述したように発がん性は認められていませんでした。がんの専門家でもわからなかった発がん性について、会社や従業員がわからなかったとしてもやむを得ないことでしょう。

胆管がん問題をきっかけに進められた法整備

ＤＣＰは、平成二五（二〇一三）年に労働安全衛生法（安衛法）による表示対象物質、特定化学物質第二類物質のエチルベンゼン等（後に特別有機溶剤に変更）に位置づけられ、特別管理物質（特化物）に指定されました。また、有機則が準用されるとともに、特化則では、作業場への掲示、作業主任者の選任、局所排気装置の設置、作業環境測定の実施、呼吸用保護具の着用、作業の記録、特殊健康診断の実施が義務づけられました。また、安衛則が改正され、要件を満たす者については、離職後も健康診断が受けられるよう健康管理手帳が交付されるようになりました。

その後、ＤＣＭをはじめ、発がんのおそれのある有機溶剤十種類が（特化物）に移行され、健康診断や作業の記録が三十年保存に改められました。

また国で行うリスク評価制度が、平成二一（二〇〇九）年に整備され、進められています。そこでは、リスク評価対象物質の選定方針の明確化、リスク評価・健康障害防止措置の検討プロセスの透明化、リスク評価（科学ベース）と措置の検討（政策ベース）の分離がなされ、リスクの判定は、ばく露評価と有害性評価でもって行われるようになりました。ＤＣＰも平成二四（二〇一二）年に初期リスク評価でリスクが高いとして、詳細リスク評価を行う準備が進められていました。

一方、事業者に対しては、一定のリスクがある化学物質についてリスクアセスメントを実施することが、安衛法の平成二六（二〇一四）年の改正で義務づけられました。リスクアセスメントの手順は、①危険または有害性の特定、②リスクの見積り、③リスク低減措置の内容の検討、④リスク低減措置の実施、⑤リスクアセスメント結果の労働者への周知、とされています。

求められる「見える化」

胆管がん発症は誰にも予見できませんでした。しかしながら、S社は、問題が明らかになった以降、誠実に労働衛生対策に取り組みました。S社のVEM（ビデオばく露モニタリング[*6)]）システムを用いた作業改善は、厚生労働省平成二八年度「見える」安全活動コンクールでの化学物質による危険有害性の「見える化」の優良事例に選ばれています。どの事業場でも、リスクアセスメントを行ってリスク低減という成果を挙げることはできると思われます。そのためにもリスクアセスメントを行って、作業環境管理や作業管理で作業場に潜むリスクを探し出して「見える化」することが求められています。

*6) 作業者に、リアルタイムモニタとウェアラブルカメラを取り付けて実際の作業を行ってもらうことで、ばく露を「見える化」できるシステム。中央労働災害防止協会が、「株式会社ガステック」および「株式会社日本ハイソフト」と共同で、VEMシステムを開発した。

2　社長が語る その時とその後

㈱ＳＡＮＹＯ-ＣＹＰ代表取締役兼ＣＥＯ
山村　健司
構成　編集部

平成二四（二〇一二）年、大阪の印刷会社の従業員が胆管がんを発症したことが明らかになりました。厚生労働省の検討会では、この胆管がんの原因物質について、平成八（一九九六）年から平成二〇（二〇〇八）年の十二年間にわたり、印刷機のブランケットと呼ばれる部分のインキを拭き取るために使用していた一・二-ジクロロプロパン（ＤＣＰ）を含む洗浄剤である蓋然性が高いという結論にとどめましたが、発症に業務起因性は認められるとして平成二五（二〇一三）年春に労働災害と認定しました。その時点で、多数の発症者が明らかになっており、すでに亡くなっている人もいました。

被災者との和解を機に、このＳＡＮＹＯ-ＣＹＰ社の経営を父親から引き継いだ山村健

胆管がん 労災認定

厚労省方針 大阪・印刷会社16人

印刷会社で働いていて胆管がん＝🔑＝になった人や遺族から労災請求が相次いでいる問題で、厚生労働省は、大阪市の印刷会社で働いていた16人（うち7人死亡）の請求を認める方針を固めた。仕事との因果関係があるとして、時効を柔軟に運用する。胆管がんの労災認定は初めて。

時効を柔軟運用

この会社は「SANYO―CYP」。これまで20代1人、30代7人、40代8人の計16人が請求している。

3月中旬に開く専門家検討会で認定を判断する基本的な考え方をまとめ、労働基準監督署が順次認定する。

この問題は昨年5月、研究者らの調査で表面化。その後、全国の印刷会社で発症例があることが分かった。2月12日までの労災請求は計62人（死亡38人）。

厚労省は、原因の物質を特定するための調査をする一方、労災認定についての専門家検討会を昨年9月にもうけた。検討会では、作業環境や働いていた期間▽発症の時期▽同じ事業所での発症者数▽発症時の年齢▽個人特有の原因の有無、などについて議論。特に請求が多いSANYO社の16人の状況を検討してきた。

2010年に胆管がんで死亡した人は約1万3千人で、その8割は70歳以上。若い人の発症が多いSANYO社は際だっている。作業場の状況を再現して実験した結果、換気が不十分で、汚れた空気の56％が室内に戻る劣悪な環境だったこともわかった。こうしたことから、16人全員について仕事との関係があると判断したとみられる。

大阪以外の46人についても、同じ考え方で4月以降に議論する。ただ、状況が違うため、同じ結論になるかどうかはわからない。

労災保険の給付には時効があり、死亡した場合は5年。厚労省は、ほとんどの労災請求について時効を数え始める起点を死亡翌日として運用している。

今回の問題では、請求時点で死亡後5年を過ぎている事例が複数あるが、胆管がんが労災になる可能性が知られていなかったため、「権利を行使することができる時から進行する」という民法の原則に従って認定する方針だ。

（石山英明、吉田拓史）

■胆管がんによる労災請求の状況（2月12日時点）

事業所	20代	30代	40代	50代	60代	70代以上	計
SANYO社	1（1）	7（3）	8（3）				16（7）
宮城の事業所		1	1				2
福岡の事業所			2（1）				2（1）
その他		2（2）	7（4）	9（7）	18（13）	6（4）	42（30）
計	1（1）	10（5）	18（8）	9（7）	18（13）	6（4）	62（38）

（）は請求のうちの死亡者数。年齢は労災請求時か死亡時。SANYO社、宮城、福岡以外では同じ事業所から複数の請求がなく、その他で集計

🔑 胆管がん

肝臓でつくられた胆汁を十二指腸まで運ぶ8センチほどの細い管（胆管）にできる。多くの場合、周りの組織に染み込むように広がり、腫瘍（しゅよう）が目立たないため、発見が難しい。SANYO社での事例を調査した熊谷信二・産業医科大准教授（労働環境学）のグループは、印刷機の洗浄剤に含まれていた「1、2ジクロロプロパン」「ジクロロメタン」が原因でなる可能性を指摘している。

（出典：『朝日新聞』平成25年２月20日）

労災認定を報じる新聞。一面トップに掲載され関心を呼ぶ

司社長は、平成二九（二〇一七）年十一月に神戸で開催された全国産業安全衛生大会で同社の事例を発表しました。その冒頭で、同社長は次のように語りました。

「このような災害を発生させてしまい、被害を受けられた方々やご家族をはじめ、多くの方々からのお叱りをいただきました。弊社としては、これを真摯に受け止め、二度と労働災害は起こさないことを誓うとともに、問題発生から現在に至るまでの安全衛生活動についてお話しさせていただくことで、弊社の悪い事例が皆様の会社での労働災害防止への参考になるかもしれないと考えました。弊社のような企業が二度と出ないこと、労働災害がこの世からなくなることを願い発表させていただきます」。

問題発生以前の安全衛生活動 なぜ使ってしまったのか？

ＳＡＮＹＯ-ＣＹＰ社では、平成八（一九九六）年初頭から問題のＤＣＰを含有した洗浄剤の使用を開始しましたが、その当時、同社では、オフセット印刷に使用するインキと洗浄剤には、有機則および特化則で規制されている物質を含むものを使用しないようにしていたといいます。

これは、「法令で規制されていない物質は安全」と考えてのことでした。

問題の洗浄剤は、その当時の有機溶剤作業主任者、安全衛生推進者等々と仕入れ業者の

224.　1,2-ジクロルプロパン　$CH_3CHClCH_2Cl$
1,2-Dichloropropane

CAS No. 78－87－5
該当法規：安衛法(危険物：引火性)(通知対象物)

別　名	プロピレンジクロライド　塩化プロピレン　二塩化プロピレン
おもな用　途	油脂，ろう，ゴム，樹脂，染料などの溶剤，合成中間体，くん蒸剤，ドライクリーニング洗浄用
おもな性　状	無色液体，クロロホルム臭 水に微溶，エタノール，エーテルに易溶 分子量　113.0　　比重　1.2 蒸気密度　3.9 融点　－100.4℃ 沸点　96.4℃ 引火点　16℃ 発火点　557℃
危険・有害性	**引火性・爆発性**：引火の危険性あり。爆発範囲 3.4～14.5% **人体への影響**：塩化エチレンと同様な作用がある。皮膚炎も起こし塩化炭化水素に共通した毒性が見られる。 麻酔作用があり，肝，腎の障害を起こす。 **発がん性**：ACGIH では，A 4(人間に対する発がん性があると分類できない物質)として分類している。 **感作性**：日本産業衛生学会では，皮膚感作性第 2 群(人間に対しておそらく感作性があると考えられる物質)として分類している。
災害予防	**保管・管理**：換気良好な冷暗所に貯蔵する。火気厳禁 作業場は換気を十分に行う。 **簡易検知**：臭化メチル用検知管 **ばく露限界**：ACGIH TLV　　75 ppm　347 mg/m³ **保護具**：有機ガス用防毒マスクまたは送気マスク，保護眼鏡，

の急所	化学防護手袋などを使用する。 **廃棄上の注意**：アフタバーナーおよびスクラバー(アルカリ洗浄液)等の排気設備を備えた焼却炉の火室へ噴霧し，焼却する。利用の手引き参照。
緊急時の措置	**消火方法**：注水，泡・炭酸ガス・粉末消火器 **目に入った場合**：直ちに多量の流水で 15 分間以上洗い流し，速やかに医師の診察を受ける。 **皮膚に付いた場合**：直ちに汚染された衣服や靴を脱がせ，付着または接触部を石けん水で洗浄し，多量の水を用いて洗い流し，速やかに医師の診察を受ける。 **吸入した場合**：直ちに被災者を毛布等にくるんで安静にさせ，新鮮な空気の場所に移し，速やかに医師の診察を受ける。呼吸困難または呼吸が停止しているときは直ちに人工呼吸を行う。 **飲み込んだ場合**：速やかに医師の診察を受ける。
災害事例	

（出典：『2000-2001化学物質の危険・有害便覧』中央労働災害防止協会 平成14年）

2000年代初頭の1,2-ジクロロプロパンの文献。「肝、腎の障害を起こす」「ACGIHでは A4（人間に対する発がん性があると分類できない物質）」などの記述が見える

次のやり取りを参考に導入が決められました。

「（この洗浄剤は、）有機則は非該当ですよね」（同社担当者）

「これは対象外ですよ」（仕入れ業者）

「それなら安全ですよね」（同社担当者）

「そうです」（仕入れ業者）

しかし実際には、この認識は誤りでした。産業界で使用されている化学物質の数は七万とも十万ともいわれるのに対し、労働安全衛生法施行令（安衛令）に掲げられ規制されている有機溶剤や特定化学物質の数は、それぞれ二桁に過ぎず、SDS（安全データシート）交付を義務づけられる通知対象物すら七百物質にも届きません。こうした毒性が明らかな物質以外にも、残りの数万に上る物質のなかに未知の毒性を持つ物質や、毒性が疑われるが評価が確定していない物質は少なくないのです。

山村社長は「仕入れ業者からの情報を受けてＤＣＰを含む洗浄剤を使っておりました。（規制されていないからイコール）安全と考えたのは間違った認識によるもので、深く反省しております」と述べています。

安全衛生に関する知識が不足していた

同社はそれまで、労働基準監督署からの指示・指導、立入り調査などを受けたことも一度もなく、ＤＣＰを含め、使用している物質に対するリスクアセスメントも、当時は実施していませんでした。

山村社長は、この点を「安全衛生に関する知識が不足していたことで、仕入れ業者からの情報だけで安全と考え、他の専門家への相談を行わなかった」と、悔やんでも悔やみきれない心情を吐露しています。

問題発生後の対応
まずは信頼の回復から

問題が明らかとなってからの同社が、いかに大変な状況に陥ったかは、想像に余りあります。労災申請があったことは労働基準監督署から連絡があり、何度かやり取りもあったものの、それは淡々としたものでした。ところが「ある朝、出社したら突然に会社が報道陣に取り囲まれていて、それで事態を知った」(従業員の一人)といった騒ぎになってしまったのです。

その中で同社では、周囲の専門家から「とにかく信頼してもらうことが重要」との助言を受けたこともあり、対応に奔走しました。そのうち安全衛生に関する主要な対応は、以下のようなものでした。対象は、退職者、現職の従業員、近隣住民。もちろん顧客対応も大変だったそうです。

① 胆管がん健診の実施

現職の方に加え、すでに退職した労働者に対しても胆管がん健診を実施しました。当時は早期発見された方が多数おられました。現時点では幸い新たな発症者はありません。

② 専門家による説明会を実施

さらに、従業員に事態を伝えるため専門家による説明会も実施しました。業務上疾

元従業員4人胆管がん死

校正印刷 溶剤原因？調査へ

西日本の会社

西日本のオフセット校正印刷会社の工場で、1年以上働いた経験のある元従業員のうち、少なくとも5人が胆管がんを発症、4人が死亡していたことが、熊谷信二・産業医科大准教授（労働環境学）らの調査で分かった。作業時に使われた化学物質が原因と強く推測されるという。遺族らは労災認定を求め、厚生労働省は調査に乗り出した。

熊谷准教授によると、同社では91～03年、「校正印刷部門」で1年以上働いていた男性従業員が33人いた。発症当時の5人の年齢は25～45歳と若く、入社から7～19年目だった。熊谷准教授が今回の死亡者数を解析したところ、胆管とその周辺臓器で発生するがんによる日本人男性の平均死亡者数に比べ約600倍になった。

校正印刷では、本印刷前に少数枚だけ印刷し色味や文字間違いなどを確認するが、印刷機に付いたインキを頻繁に洗うので結果的に洗浄剤を多用する。洗浄剤は、動物実験で肝臓にがんを発生させることが分かっている化学物質「1、2ジクロロプロパン」「ジクロロメタン」などを含む有機溶剤。会社側は防毒マスクを提供していなかったという。91～03年当時、ジクロロメタンは厚労省規則で測定や発生源対策が求められていたが、1、2ジクロロプロパンは規制されていなかった。

熊谷准教授は「これほど高率になると、偶然とは考えられず、業務に起因している。校正印刷会社は他にもあると聞いており調査が必要だ」と話す。

元従業員らが労災認定を求めたことについて、会社側は「真摯に対応させていただいている。個人情報などもあり、お答えできない」としている。【河内敏康、大島秀利】

上島通浩・名古屋市立大教授（労働衛生）の話　大変重要な事例で、食事など地域性の要因も含め調査が必要だ。

熊谷准教授から亡き息子あてに送られた調査協力依頼の手紙を見る母＝遺族宅で大島撮影

胆管がん　胆管は肝臓で作った胆汁を十二指腸に運ぶ管状（長さ約8㌢）の器官。がんは上皮からできるとされる。胆管結石との関連も指摘されるが、原因は不明。日本人男性の年間死亡率は10万人あたり10・5人（05年）で、発生率は75歳以上で最も高い。

「仕事中吐き気」証言も

「元同僚が同じようながんで次々死んでいく」――。遺族らは厚生労働省に全容の解明と被害拡大の防止を求めている。

きっかけは昨年春から、胆管がんのため40歳で死亡した男性の遺族らが熊谷准教授に相談したことだった。男性は両親に「職場は有機溶剤が臭い、環境が悪い」と言い退職した。5年後に胆管がんを発症すると、両親に同僚が同様の病気で若くして亡くなっていることを明かした。

熊谷准教授は、男性が受け取っていた年賀状をもとに、31歳で死亡した同僚の兄あてに手紙を送って調査の協力を依頼。その母親から電話で「実は、兄も弟と同じ会社に勤めていましたが、4年前に46歳で亡くなった。2人とも胆管がんでした」と告げられた。

熊谷准教授が元従業員らに当たると、仕事中に吐き気がする同僚もいたなどとの証言も出てきた。遺族に病院への開示請求などをしてもらい、医学資料を集めると、5人が胆管がんにかかり、4人が死亡していた。

息子2人を失った母親は「これから働く人のために病気をなくしてほしい」と厚労省の調査の行方を見守っている。【大島秀利】

（出典：『毎日新聞』平成24年５月19日）

胆管がんの発生を伝える第一報の記事。テレビも含め、報道各社がいっせいに伝えた病など労働災害事例に加え、ＳＤＳの見方やプッシュプル型換気装置について詳しく説明されました。まず大阪本社で行いましたが、東京支社・名古屋支店の代表者にも出席させ、その情報を各拠点に共有しました。

③　全体換気装置の変更と、プッシュプル型換気装置の導入

平成二四（二〇一二）年五月時点では、もうＤＣＰ含有の洗浄剤は使用していませんでしたが、今後胆管がんをはじめとする業務上疾病を発生させないために早急に行える対応策として、オフセット印刷作業場の換気装置の改善を実施しました。

従来の作業場では、足元六カ所に吸気口を設けて外部へ排出していましたが、エアコンを通じてトータルすると室内空気の半分強が空調装置を通じて再度作業場に還流していました。これは、印刷品質の保持のためには一定以上の湿度や温度の維持が必要であることから、換気はせずに全量が還流されるエアコンで温湿度管理を行っている印刷所が少なくないことを考えれば配慮されているほうでした。しかし今回の問題を機に、一〇〇％のフレッシュエアを入れる全体換気装置に変更を行うとともに、プッシュプル型換気装置を導入したのです。これにより、対策前は六～七回／時であった作業場の換気回数は、二四・八回／時にものぼっています。湿度の維持は大型の加湿器を導入するなどの対策を行いました。「まだ湿度が足りていません。試行錯誤しているところですが、健康には代えられません」（山村社長）。

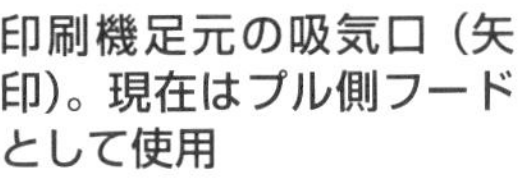

印刷機足元の吸気口（矢印）。現在はプル側フードとして使用

プッシュプル型換気装置。天井にプッシュ側フードが見える

④ 気中濃度測定、臭気測定の実施と結果公表

この時点では法定の作業環境測定を義務づけられた有機溶剤は使用していなかったため、シクロヘキサンを用いて模擬的に気中濃度測定を実施し、第一管理区分相当との測定結果が得られました。また、プッシュプル型換気装置および全体換気装置の排出口での臭気測定を行い、従業員等にそれぞれの測定結果を説明しました。また、大阪本社の裏が幼稚園でしたので、そちらへも出向いて、資料を見せながら結果を説明し「園長先生にもご理解をいただけました」（山村社長）。

このような対応の結果、従業員の八割以上が同社を退社せず、継続して勤めることとなりました。従業員の一人は「不安はあったが、その時点では問題の洗浄剤は使っていなかったので……」と述べていますが、問題の表面化後、真偽取り混ぜてさまざまな報道が行われる中、山村社長が週に一回は新たにわかった事実や経過を従業員に向けて説明していたことで「すべてをオープンに知らせてくれたので、安心感が生まれた」（従業員）といいます。そして「全社的に、一緒にやっていこうという風になっていった」（同）そうです。

そこで、従業員とともに、どうすれば安全・安心して働くことができるのかを真剣に話し合い、作業環境改善、労働災害防止へのさらなる取組みが始まったのです。

コラム①

業界から見た、その時とその後

一般社団法人日本印刷産業連合会
環境安全部長　石井　健三

カタログ、ポスターなど多くの印刷物がオフセット印刷方式で生産されています。これらの印刷工場で使用するインキ、湿し水、洗浄剤等からは揮発性有機化合物（VOC）が発生しますが、作業環境測定を実施すると概ね第一管理区分であり、オフセット印刷工場は、健康有害性リスクが少ない事業場と考えられていました。しかし、平成二四（二〇一二）年にS社から胆管がん発症の事案があり、印刷工場においても看過することができない問題として業界全体で取り組むことになりました。

一般社団法人日本印刷産業連合会（以下、当連合会）は、同年五月に会員団体に対し「予防的観点から労働安全衛生法に基づく作業環境対策の適切な実施」を促すとともに、傘下会員企業約八千三百社を対象として健康障害防止対策に関する実態調査を実施しました。この結果判明した化学物質取扱い状況を見ると、約七割の印刷事業者において、労働安全衛生法などの関連法令で定められた化学物質を業務で使用しており、このうちさらに七割の事業者では、法令等で定められた措置が理解されていない、あるいは意識が低いことなどで、遵法性に問題があることが明らかになりました。

この結果を受け同年七月、当連合会は、学識経験者、労働安全衛生専門家、印刷業界団体代表、印刷資材団体・メーカーで構成する「労働衛生協議会」を設置し、印刷業界全体の「化学物質による健康障害防止対策の取組み」を強化しました。また関連法令への意識向上と健康障害防止対策を盛り込んだ緊急セミナー「労働衛生セミナー」を、全国八カ所（札幌、仙台、東京、名古屋、金沢、大阪、広島、福岡）で開催し、総参加者は約千五百人になりました。さらに九月には、遵法措置徹底を含む三つの基本方針からなる「健康障害防止対策基本方針」を策定、発表し、上記基本方針とともに、化学物質の取扱いに関する関連法令である「有機溶剤中毒予防規則」を中心に、印刷業界として対処すべき内容を記載した印刷事業者向けパンフレット「印刷事業者における化学物質による健康障害防止対策のポイント」を作成し、印刷および同関連業界等へ配布し、周知徹底を図りました。

翌平成二五年二月には、これらの活動内容の効果を確認するため、第二回アンケート調査を行い、その結果、関連法令で指定された化学物質を使用している事業者は、前回の七二％から四八％へと減少、また、法令等で定められた措置の実施率も前回の約二倍になるなど、基本方針に則った対応が進んでいることが確認されました。

同年、印刷事業場における化学物質による健康障害リスクを適切に評価し、的確な健康障害防止策を立案・実施していくため、印刷工場六社の協力を得て印刷作業場の作業環境測定を含む八種類のVOC濃度測定を実施しました。この結果、通常印刷運転中はVOC濃度レベルが低いものの、インキ交換時やインキローラー洗浄時には、短時間、局所的に、高濃度のVOCが発生することが分かりました。その後、この状況を連続的に捉え適切に対処するため、VOC濃度が上昇すると警報を発する「VOC警報器」を開発し普及を図り、作業者のさらなるVOCばく露削減を進めています。

安全衛生委員会の議事録が作業場に掲示されている

具体的な取組みについて
安全衛生の知識を取得

山村社長と従業員たちとのさらなる安全衛生への取組みが始まりました。まず、発覚以前の同社では設置していなかった安全衛生委員会を、ただちに設置しました。有資格者を中心に運営しており、毎月の最終木曜日に委員会を開催しています。議事録は回覧するほか社内ＬＡＮでも公開しており、とくに労働災害防止活動が机上の話だけにならないように心がけているといいます。「経営陣から積極的に取り組む姿勢を見せることで、従業員全体に安全衛生に取り組む雰囲気を作ることを目指しました」（山村社長）。その狙いどおり、現場の従業員からのさまざまな提案から生まれた対策も数多く出てきています。

また、従業員に安全衛生のさまざまな資格を

取得した免許・資格

法律分類	資格・免許・講習名	資格・免許保持数
労働安全衛生法関連	有機溶剤作業主任者	9
	安全衛生推進者養成講習修了	4
	安全管理者選任時研修修了	5
	職長等安全衛生教育修了	6
	第一種衛生管理者免許	7
	メンタルヘルスラインケア研修	7
消防法関連	防火管理者	5
	防災管理者	4
道路交通法関連	安全運転管理者	2
職業安定法関連	公正採用選考人権啓発推進員	3
廃棄物処理法関連	特別管理産業廃棄物管理責任者	4
職業能力開発促進法関連	職業能力開発推進者	3
その他	ニュー5Sリーダー養成講座	2
	合計（のべ）	61

取得するよう勧奨し、山村社長自身も、多くの業務に必要な安全衛生関連の資格・免許を取得しています。「これは、知識がないが故に、その情報が正しい情報なのか、間違っている情報なのかも判断できずにDCPを含有した洗浄剤を導入してしまったことの反省に立ったものです。不足していた安全衛生にかかわる知識を身につけるために、法定の資格を取ることにしました」（山村社長）。

一例を挙げれば、およそ百十人の従業員のうち、有機溶剤作業主任者の資格を持つものが九人、第一種衛生管理者免許を取得したものが七人に上ります。安全衛生教育の実施のための時間と費用は業務上必要なものであると意識づけているそうです。もちろん費用は会社が負担しています。

また、従業員に勧める前に、まず山村社長

自らがチャレンジしていたといい、社長自身も安全管理者、第一種衛生管理者、安全運転管理者、特別管理産業廃棄物管理責任者など多くの資格・免許を取得しています。「こうした資格や免許の講習会を受講しに行くと、さまざまな安全衛生の専門家と触れ合う機会ができ、相談相手もできるようになったことも大きなメリットでした」（山村社長）。

そうして安全衛生の知識を蓄えていくことで、同社の労働安全衛生の考え方がどんどん変わっていきました。資格をとった従業員たちも「濃度測定などの結果の数値の意味がわかるようになった」「自分自身が安全に対し敏感になった」「新たな洗浄剤などを導入する際にも、本当に安全かを自分で考えるようになった」など、その効果を認めています。

「あんぜんプロジェクト」にも登録

こうした安全衛生活動の一環として、厚生労働省の「あんぜんプロジェクト」にもプロジェクトメンバーとして参加登録しました。このプロジェクトは、安全衛生に対して積極的に取り組んでいることを公表し、企業価値を向上させることを狙ったものです。厚生労働省のホームページのなかでも**次頁図**のようにアップされ、従業員の安全衛生へのモチベーションのひとつになっているようです。

登録するにあたり、下記のように安全衛生方針を掲げました。

あんぜんプロジェクト プロジェクトメンバー

	会社名：株式会社 ＳＡＮＹＯ－ＣＹＰ　業種：製造業 所在地：大阪府大阪市中央区龍造寺町8-15 電話番号：06-6763-3382
安全方針	経営理念である、わたしたちは彩りのプロフェッショナル集団として豊かな生活を創造します。を踏まえて事業活動のあらゆる面において安全・健康を第一と考え、従業員自らが積極的に安全衛生活動に参画すると共に職場環境改善を継続的に実施し従業員及び関係者の災害撲滅と健康増進を図る
安全への取組み事例	①【リスクアセスメント評価・対策による予防処置】 リスク評価対象設備及び作業を選出し、危険性の特定、危害を想定し、評価の後、対策を行う。 リスクの点数により等級を分けて、等級の高い物、対策を打てる物等、順に対策を検討し、対策の妥当性の対策の後、残存するリスクを確認し、残存するリスクが許容できない場合は、対策・検討とサイクルを回し、リスクを軽減する。
	②【HH（ヒヤリ・ハット）活動】 ヒヤリハット体験をその時だけに止めず、所定の書面に記録し、所属長へ報告する。 所属長はヒヤリハット体験した場所等の担当部署長へ、書類をまわし対策を講じる。 また、安全衛生委員長及び安全衛生委員会にて報告し、各部署の同条件の所に対策を水平展開する。
	③【5S活動】 従業員が「快適に過ごすことのできる職場づくり」を目的に、全事業所で5S活動を実施

厚生労働省の「あんぜんプロジェクト」にも参加登録した

「経営理念である、〝わたしたちは彩りのプロフェッショナル集団として豊かな生活を創造します〟を踏まえて事業活動のあらゆる面において安全・健康を第一と考え、従業員自らが積極的に安全衛生活動に参画すると共に職場環境改善を継続的に実施し従業員及び関係者の災害撲滅と健康増進を図る」

そして取り組んだのは、下記の三つです。

① リスクアセスメント評価・対策による予防処置

リスク評価対象設備および作業を選出し、危険性の特定、危害を想定し、評価の後、対策を行う。

リスクの点数により等級を分けて、等級の高い物、対策を打てる物等、順に対策を検討し、対策の妥当性、対策の後も残存するリスクを確認し、残存するリスクが許容できない場合は、対策・検討とサイクルを回し、リスクを軽減する。

②　HH（ヒヤリ・ハット）活動

ヒヤリ・ハット体験をその時だけに止めず、所定の書面に記録し、所属長へ報告する。

所属長はヒヤリ・ハット体験した場所等の担当部署長へ、書類をまわし対策を講じる。また、安全衛生委員長及び安全衛生委員会にて報告し、各部署の同条件の所に対策を水平展開する。

③　5S活動

従業員が「快適に過ごすことのできる職場づくり」を目的に、全事業所で5S活動を実施。

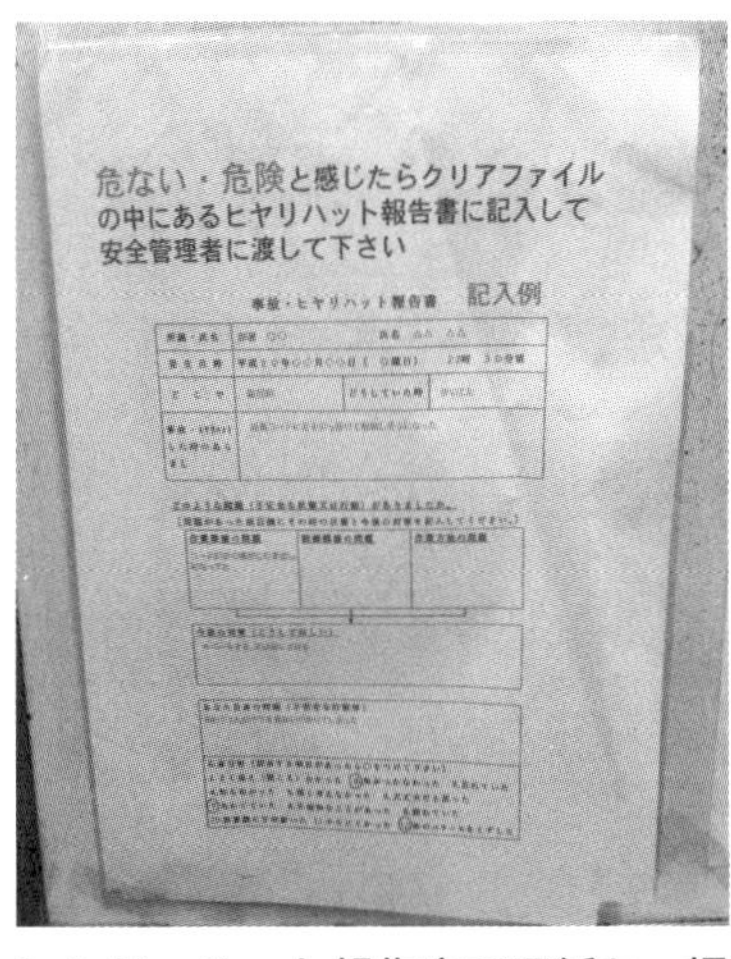

ヒヤリ・ハット報告書の用紙も、掲示板に備え付けられている

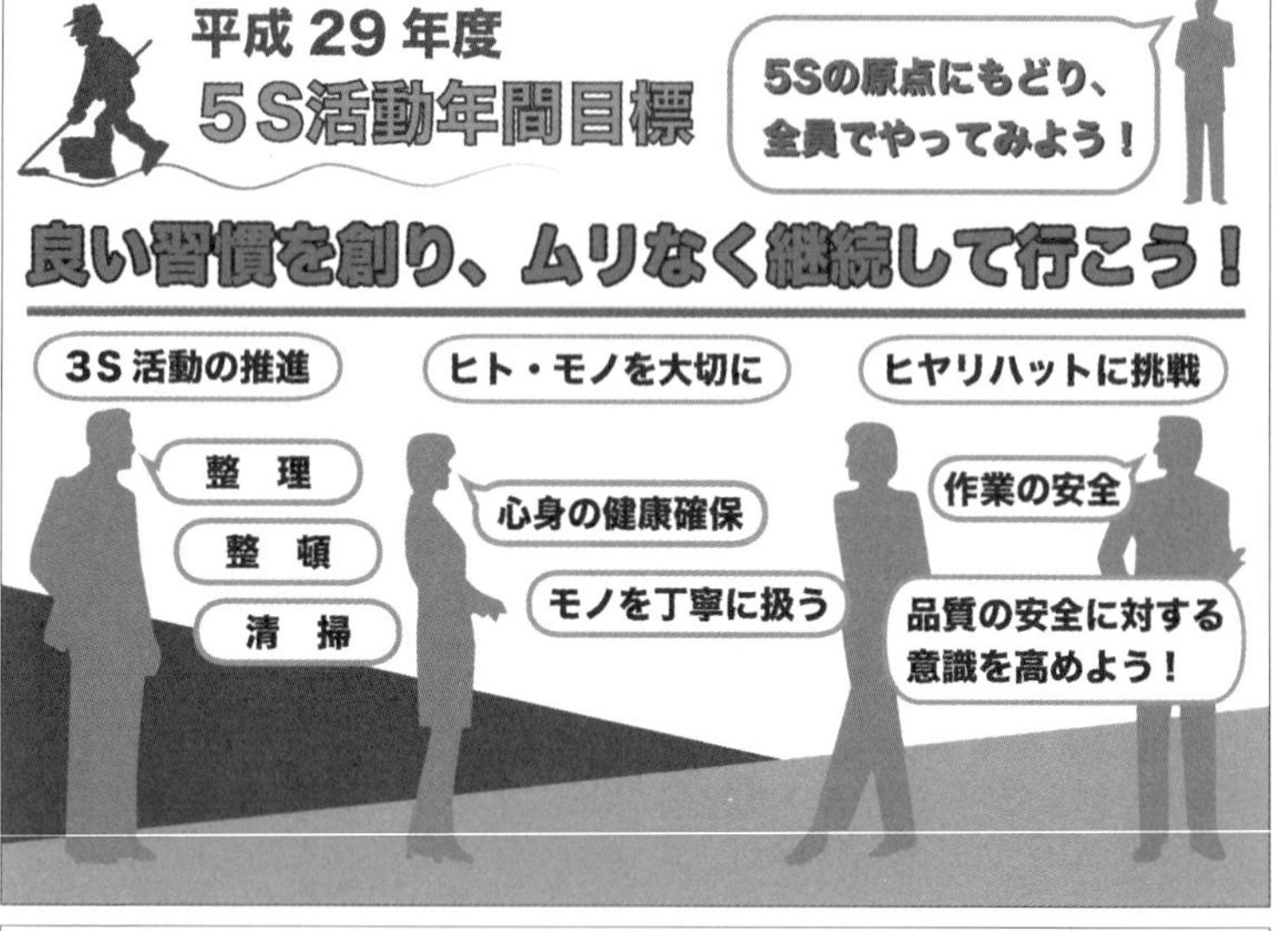

5S活動を呼びかけるポスター

これらのうち、ＨＨ（ヒヤリ・ハット）活動は、平成二六（二〇一四）年から開始され、初年度は十数件、翌年以降も数件ずつのヒヤリ・ハットが報告されています。報告されたヒヤリ・ハットは安全衛生委員会で対策が検討されます。その内容に応じてリスクアセスメントが行われ、安全管理者が中心となってリスクを見積もり、リスク低減措置が検討されます。

また５Ｓ活動は、５Ｓ委員会が中心となって行われており、平成二九（二〇一七）年度には大阪本社で５Ｓのアイデアを募る「５Ｓコンテスト」が開催され、三十件弱の応募がありました。平成三〇年度は、東京支社・名古屋支店も含めて全社的に開催することを検討しているそうです。

胆管がん健診を継続

健康管理については、ＤＣＰを含んだ洗浄剤を使用していた現職の従業員には、現在も継続して半年に一度、胆管がん健診を行っています。もちろん、産業医によるケアも行っています。退職した元従業員に対しては、健康管理手帳の交付を申請するよう呼びかけました。健康管理手帳の交付は国が行っている制度で、この手帳があれば、国費で健康診断を受診することができます。

また、平成二七（二〇一五）年十二月より施行されたストレスチェック制度に従い、外部機関に依頼して実施しているストレス診断の結果をもとに、従業員の心のケアも行っています。

さらに同社では、全社的に従業員のメンタル面、フィジカル面双方の状態を改善する取組みを行っており、従業員の健康増進を企業の生産性の向上につなげていきたいとしています。さらに経済産業省が推奨する「健康経営優良法人」の認定を平成三〇（二〇一八）年二月に受けることができました。

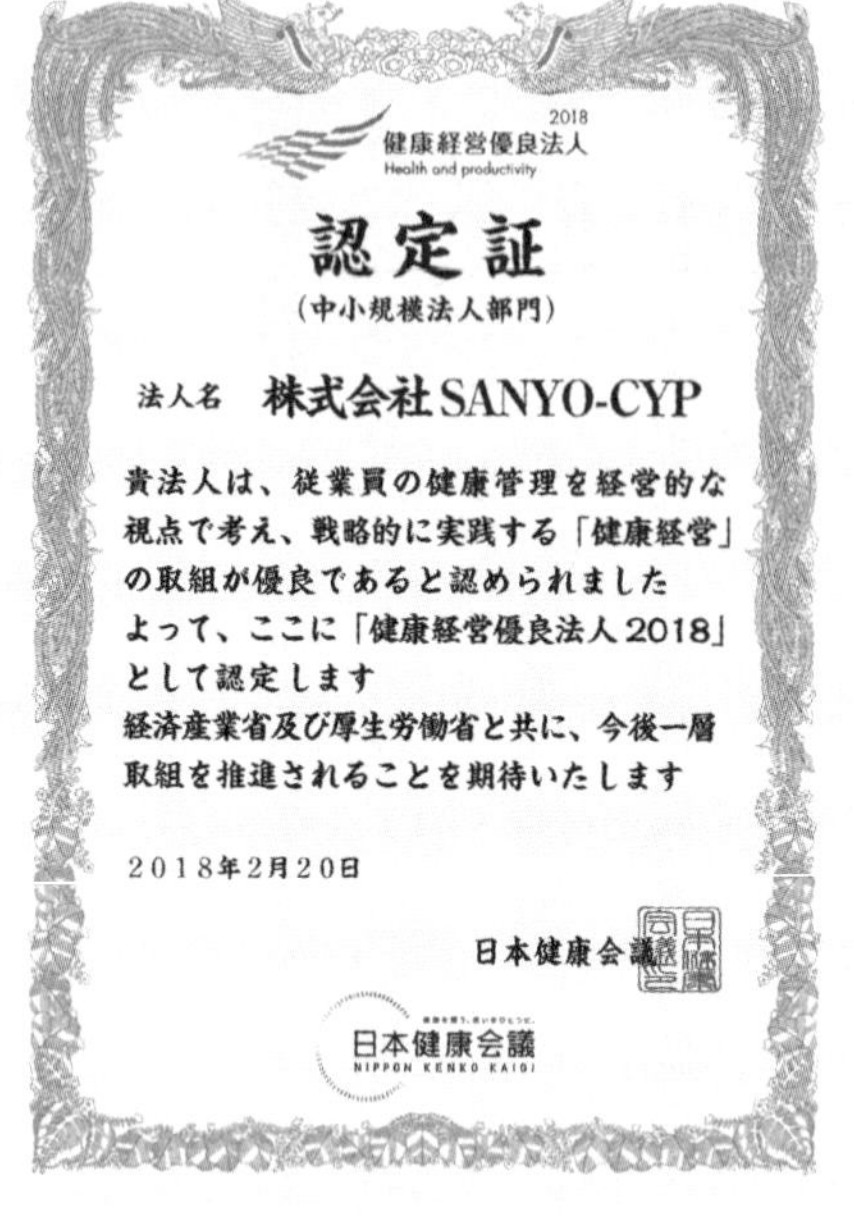

2018 健康経営優良法人 Health and productivity

認定証

（中小規模法人部門）

法人名　株式会社SANYO-CYP

貴法人は、従業員の健康管理を経営的な視点で考え、戦略的に実践する「健康経営」の取組が優良であると認められました
よって、ここに「健康経営優良法人2018」として認定します
経済産業省及び厚生労働省と共に、今後一層取組を推進されることを期待いたします

2018年2月20日

日本健康会議

日本健康会議 NIPPON KENKO KAIGI

健康経営優良法人2018認定証

「見える化」に取り組む

作業環境管理に目を向けると、現在同社のオフセット印刷作業場で使用する物質ついては、専門家から毒性に関して意見を聴取して、毒性が低いことを確認するとともに、気中濃度測定を半年に一回行い、作業環境の状況を数値化し、管理しています。

山村社長の紹介で、中災防とともに作業環境改善を実施

あさひ高速印刷㈱
代表取締役　岡　達也

当社がVOC（Volatile Organic Compounds：揮発性有機化合物）対策に取り組むこととなったきっかけは、平成二四（二〇一二）年に起きた胆管がん問題でした。オフセット印刷の作業場で発生したという報道に、従業員から「社長、うちは大丈夫ですか」と聞かれても、私は「たぶん大丈夫」としか言えませんでした。とてもそれで焦燥した覚えがあります。

当時、社内で使用している溶剤等を見直すと、第二種有機溶剤も使っていましたが、それに対応する法規を強く意識するわけでもなく、単に仕入れ業者が薦めてくれるから安全なのだろうというような認識しかなく、なにをどうしていいかわからずにいました。

そこで、日本印刷産業連合会が警報器を推奨していたので、九台を導入したところ、印刷機の洗浄時以外にもランダムに鳴ってしまい、いくつかの対策を施しても、回数は減ったものの警報が鳴ることには変わりなく、頭を悩ませていました。

そんなときに、業者の紹介で㈱SANYO-CYPの山村健司社長と出会うことができました。同社は、胆管がん問題の当事者の会社で、この問題をきっかけにして、印刷現場の環境について驚くばかりに対策を施して、標準的な印刷会社とは比較にならない、良い労働環境を実現されていました。

普通オフセット印刷の工場に入ると、なんらかの臭いがするものですが、SANYO-CYPはまったくインキの臭いがせず、「これは凄い」と聞いてみると、一時間に十回以上空気を入れ替える作業環境管理をされていて感心したのですが、胆管がん問題の当事者で、それにずっと向き合ってきた山村社長と、「大丈夫だろう」という軽い気持ちで警報器を導入した私とでは、温度差を感じたのも正直なところでした。

相談の結果、中災防の大阪労働衛生総合センターを紹介していただいたのですが、中災防に作業場をみていただいて、まず警報器が鳴ることと従業員の健康被害をいったん切り離して考えようという新たな方針を示されました。

警報器が鳴っていても、健康に影響がないレベルであったら、それを証明できていればいいのではないか。健康被害がない状態をつくることを優先させるべきではないかということです。警報器を鳴らなくするということだけがなかば目的化していた私には、目から鱗が落ちる思いでした。

また、リスクアセスメントも実施し、使用している溶剤を見直し、有害なｔｅｒｔ-ブタノールを含む代替ＩＰＡ（イソプロピルアルコール）の使用量の減少化を図っています。

警報器や計測器を用いて、問題の「見える化」を図ることの有効性。そして、新しい溶剤等を導入するときのリスクアセスメント。また、自分たちではなく第三者機関によって定期的にわれわれの状態を測定してもらうことで、安全・安心を担保するということを新たに学びました。

今後も警報器の動きやこの調査結果といった明確な根拠に基づいて、従業員の皆が安心して働くことができる快適な職場づくりにむけて、安全対策を続けていきたいと思っております。

労働安全衛生の知識を有する者が多く在籍する職場に成長したため、濃度測定結果を細部まで熟読して理解できるようになり、従業員たちが職場の安全衛生について議論できるようになったといいます。特に意識して心がけているのは、「数値化」「見える化」です。その一環として、印刷作業従事者の有機溶剤に対する個人ばく露状況を把握するため、専門家の指導のもと、尿中濃度測定を行っています。

さらに、作業時のばく露を低減するために、中央労働災害防止協会が提供している、ばく露の見える化ができる「ＶＥＭサービス」（ビデオばく露モニタリングサービス）を活用して作業方法の改善を行いました。

「VEMサービス」を導入

「ＶＥＭサービス」導入による有機溶剤ばく露の見える化を活用してまず行ったのが、有機溶剤を使用した洗浄作業時のばく露ピーク時を見える化することと、原因・要因の発見と対策の検討・実施です。

対策前は洗浄に使用するウエスを保管する容器を作業者の手元に置き、洗浄作業を行っていましたが、ウエスが入った容器を開けたときに容器の中に溜まった有機溶剤蒸気が排出されて、一時的にばく露量が上昇していることが数値化により「見える化」されました。

この測定を行うまでは、洗浄作業時か、ウエスへの有機溶剤の塗布のときに最もばく露

対策前は洗浄に使用するウエスを保管する容器を作業者の手元に置き、洗浄作業を行っていた

対策後は洗浄に使用するウエスを保管する容器の大きさを小さくし、さらにプッシュプル型換気装置の吸引側近くに配置することで作業者のばく露量の低減を図った

新（手前）旧（奥）のウエス入れ。ずいぶんと小ぶりになった

量が大きくなっているだろうと思い込んでいたそうですが、実は一番の問題は、ウエスを入れていた容器の中で、有機溶剤の濃度が上がり、開けた瞬間に最もばく露していることがわかったのです。

そこで対策として、洗浄に使用するウエスを保管する容器の大きさを小さくし、さらに、プッシュプル型換気装置の吸引側近くに配置することで、作業者のばく露量の低減を試みました。すると容器を開けた状態でもばく露量の大きな上昇はなく、対策が有効であることが数値により確認できました。ウエスを入れる容器の大きさによって、ばく露量が変わることも、これでわかりました。「驚きというか発見があり、よい対策ができました」（山村社長）。

「見えない有機溶剤のばく露量を見える化をすることで、問題となる作業が浮き彫りとなり、対策への効力も見える化できることで、他の作業でも安全・衛生面の向上への意識が強くなりました」と、山村社長は述べています。

洗浄の作業を減らす取組みも

ウエス容器の変更以外にも、さまざまなばく露防止の取組みが行われています。例えば

- 洗浄剤容器のキャップはこまめに閉める
- 洗浄剤の小分け作業は、全体換気装置の吸気口の前で行う

洗浄剤の小分けは、作業場の片隅の吸気口（左）の前で行う

UV インキの調合は、プラスチックシートの上で行う。
終了後は洗浄せず、UV 硬化させてそのまま廃棄する

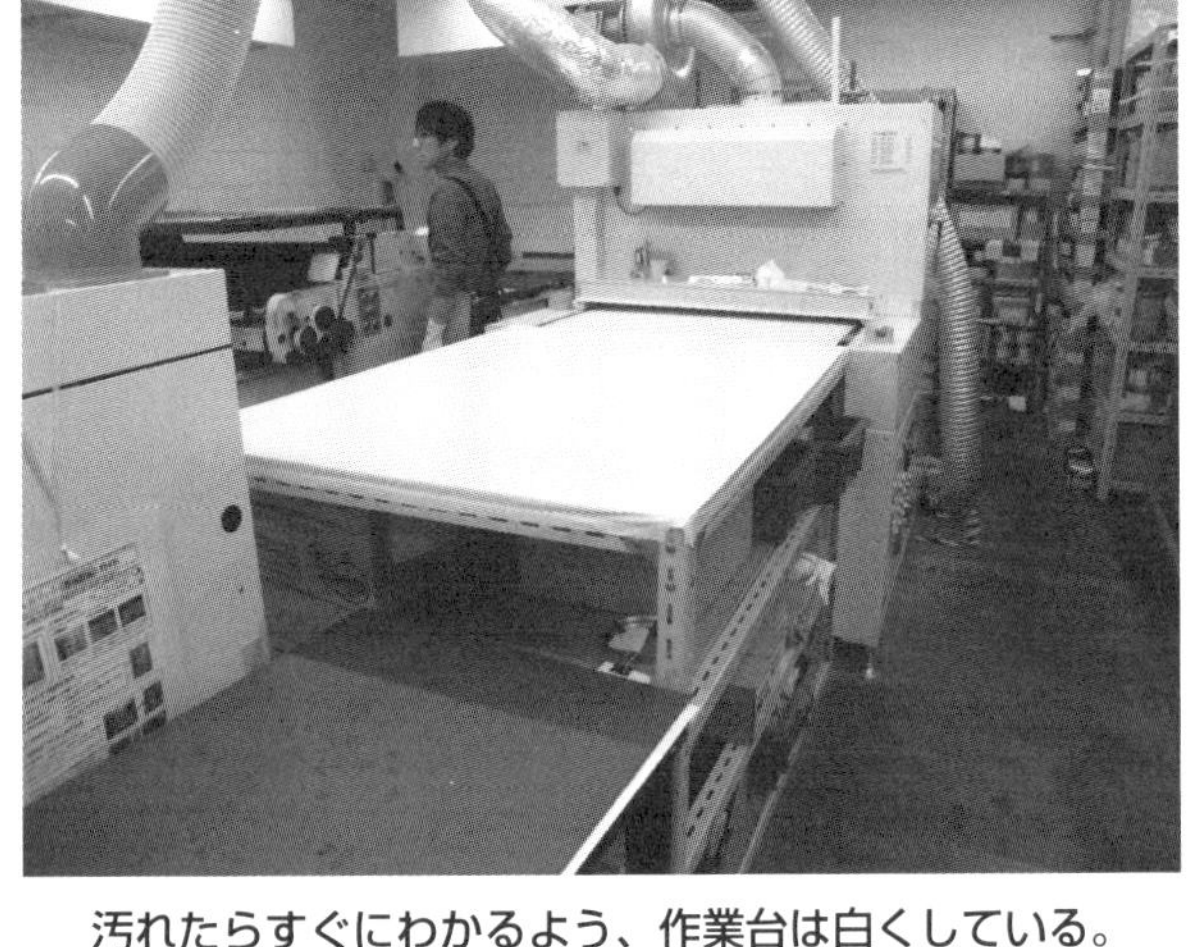

汚れたらすぐにわかるよう、作業台は白くしている。
これも従業員提案から生まれたアイデアだ

などを徹底し、これらが効を奏したのか、ほとんど有機溶剤臭のしない作業場となっています。

また、インキの調合は、従来はトレーの上で行い、印刷終了後はトレーに残ったインキを洗浄剤で洗浄していましたが、従業員や納入業者の提案で、速乾性の紫外線硬化型（ＵＶ）インキの場合は、トレーではなくプラスチックシートの上で調合し、終了後はそのまま紫外線を当てて固まらせてシートごと廃棄するように作業手順を変更しました。これにより、洗浄剤の使用機会が減り、ばく露の低減を実現しています。

従業員からの提案を採用した対策も数多くあります。例えば、洗浄剤を使用する際のゴム手袋着用や、調合用のヘラの洗浄も吸気口近くで行うようルール化したことは、

製版室の通路。５Ｓを進めた結果、とても広くなった

校正作業場も整理・整頓が行き届いている

ボトムアップから生まれた対策です。

また、印刷作業の特性上、紙を扱うことが多く、紙の切断時のカッターによる災害が頻発したことから、切断時に使う物差しにストッパーを貼り付け、指がカッターの刃の前にはみ出さないようにしました。これも従業員からの提案でした。

5Sについても、従業員が率先して取り組み、「机や機械の数や大きさは変わっていないのに、ずいぶんと通路が広くなりました」（山村社長）と、目に見える成果があがっています。「社長に相談しやすい雰囲気ができて、廃棄や整理の提案をできるようになりました。よい提案であればすぐにOKが出て実行でき、その結果どんどん効果が出てきました」との声も聞かれます。

「見える」優良事例に選ばれる

従業員の安全衛生への意識を向上させるために、こうした活動内容と取組みの成果を厚生労働省の平成二八年度「『見える』安全活動コンクール」に応募しました。すると、はからずも優良事例に選定され、厚生労働省のあんぜんサイトホームページで紹介されました**（次頁）**。

厚生労働省のホームページで、優良事例として紹介された

今後の取組みについて「ＧＩＦＴ」をお返しできる企業に

山村社長は、「問題が発生する前も、安全衛生に取り組む意識がないわけではなかったのですが、やり方を知りませんでした。土壌はあったので、教えていただくことで、全社的な取組みに広がっていきました」といい、同業者が驚くような安全・安心に働ける作業環境を実現しています。それでも問題発生後の取組みを通じて、「安全衛生活動には終わりがないということを学んだ」（山村社長）と、山村社長には手綱を緩める気配はありません。

同社長は、従業員や専門家、顧客など多くの人たちから指導や応援を得てきたといい、同社ではこれを「ＧＩＦＴ」と呼んでいます。

「これからは、私たちがこのＧＩＦＴ、感謝をお返しする、贈れる集団を目指していく」と山村社長はいいます。その一つとして、まず、この問題

ギフトの経営理念

を社内で風化させないために、会社の存在意義を全社員と面談して話し合って譲成された経営理念、行動規範を刷新しました。

これは、継続した安全衛生活動を行いながら、しっかり会社を存続させ、ＧＩＦＴを返していくためには、経営者のリーダーシップは必要不可欠ですが、従業員の理解と協力がなくては不可能と考えたからです。「今後も従業員とともに、このＧＩＦＴという文化を大切に育てていきたい」と山村社長は述べています。

現在同社では、各拠点がある地域の動物園への寄付活動、知的障害者施設への作業の発注、大阪本社近隣の清掃活動等を行っています。

コラム③

中災防が実施した支援と今後の活動

中央労働災害防止協会
大阪労働衛生総合センター

大阪労働衛生総合センターが、大阪産業保健総合支援センターからの紹介で、SANYO-CYPへの支援をはじめたのは、平成二五（二〇一三）年八月からです。大変な問題を抱えた事業場からのご相談だったので、お話をいただいた時点で、われわれとしてできる限りの支援を行う決意をしましたが、最初に取り組んだことは、われわれの話に耳を傾けていただくために、山村社長や従業員の皆さんの信頼を得ることでした。具体的な支援の内容については、山村社長のお話の中で述べられているとおりですが、個人ばく露測定、尿中代謝物測定、作業環境測定、リスクアセスメント、VEM（Video Exposure Monitoring）測定などです。

「問題発生から手探りの対応の中で、会社を閉めて逃げてしまおうかとも思った。しかし、残ってくれた従業員に支えられて、会社を存続させてGIFTを返していくことこそが、その責任を果たす唯一の方法、という結論にたどり着いた」と山村社長はおっしゃっていました。そこで今回、SANYO-CYPの皆さんの取り組まれてきた活動を全国産業安全衛生大会で発表していただけませんか、とお願いしたところ、「弊社の悪い事例が皆様の会社での労働災害防止活動への参考になるのであれば」と引き受けていただきました。発表時、会場では多くの人が、山村社長の話に熱心に耳を傾けていました。矢面に立つ覚悟を決めた山村社長の姿に、人々は心を動かされたのではないでしょうか。

SANYO-CYPへの支援を通じて、このような不幸な出来事を防ぐために、われわれはもっとやるべきことがあったのではないかと深く反省しました。それと同時に、労働安全衛生の中心的役割を担う中災防の一員として、われわれにできることは何だろうか、と考えさせられました。行政機関ではないわれわれは、法令に軸足をおいた仕事ではなく、作業者のばく露防止にもっと真摯に取り組まなければならないと考えるようになりました。ばく露の見える化を可能にする、VEMサービスもその取組みの一つです。また、経営者の意識を変えなければと思い、山村社長やあさひ高速印刷の岡達也社長のような経営者とともに、さまざまな機会に安全衛生に関わる情報発信をしています。中災防にはさまざまな安全衛生技術サービスがあり、SANYO-CYPで実施してきたような改善を行うことができます。安全衛生スタッフの不足している中小企業や、労働安全衛生で困った時の駆け込み寺のような存在になりたいと思います。

今回、本書の発刊にあたり、「労働災害を起こした会社が本を出してもいいのか」という声が内外から聞こえてきました。しかし、労働災害を起こした会社の山村社長にしか発することのできない貴重な言葉と経験を伝えることがわれわれの使命だと思います。化学物質による労働災害はSANYO-CYPだけで起こった問題ではなく、どこの会社でも起こり得る問題だという認識を持って、山村社長の声に耳を傾けなければならないのだと思います。

執筆・協力者一覧

（1） 圓藤　吟史　中央労働災害防止協会　大阪労働衛生総合センター　所長

（2） 山村　健司　株式会社 SANYO − CYP　代表取締役兼 CEO

(コラム①) 石井　健三　一般社団法人　日本印刷産業連合会　環境安全部長

(コラム②) 岡　　達也　あさひ高速印刷株式会社　代表取締役

(コラム③) 中央労働災害防止協会　大阪労働衛生総合センター

構成：中災防ブックレット編集部
表紙デザイン：デザイン・コンドウ

中災防ブックレット 3
胆管がん問題！　それから会社は…

平成 30 年 4 月 27 日　第 1 版第 1 刷発行

編　者　中央労働災害防止協会
発行者　三田村憲明
発行所　中央労働災害防止協会
東京都港区芝浦 3-17-12　吾妻ビル 9 階
〒108-0023
電話　販売　03（3452）6401
編集　03（3452）6209

印刷・製本　㈱丸井工文社

乱丁・落丁本はお取り替えいたします。

ISBN978-4-8059-1802-9　C3060
中災防ホームページ　http://www.jisha.or.jp